AF284203

Düsseldorf

Der perfekte Reiseführer für einen unvergesslichen Aufenthalt in Düsseldorf

inkl. Insider-Tipps und Packliste

Pia Lorenz

✈ INHALT

Das erwartet Sie in diesem Buch

Düsseldorf – die schöne Stadt am Rhein, Landeshauptstadt Nordrhein-Westfalens, Karnevals-Hochburg, Rivalin der Nachbarstadt Köln, Stadt von Königsallee und Landtag. Es gibt wohl kaum eine Attraktion, die nicht im Internet oder einem Reiseführer bereits erwähnt wurde.

Wozu dann dieser Reiseführer, den Sie gerade in den Händen halten?

Er wurde geschrieben von einer Wahl-Düsseldorferin, die vor vielen Jahren in diese Stadt kam, sich in sie verliebte, sie wieder verlassen musste und immer wieder gerne zu Besuch zurückkehrt. Es wird erzählt von Plätzen, Veranstaltungen und Personen, die den Düsseldorfern wichtig sind, die Stadt geprägt haben und bis heute prägen.

Es ist unmöglich, von allem zu berichten, was die Stadt zu bieten hat, und auch von allen Menschen, die für diese Stadt eine große Rolle spielen oder gespielt haben.

Dieser Reiseführer möchte Ihnen Hintergrundinformationen liefern, warum die Düsseldorfer „ticken, wie sie ticken", und Ihnen zeigen, warum die Düsseldorfer zu Recht stolz auf diese wunderbare Stadt sind...

Die Geschichte der Stadt

WARUM HEIßT SIE DÜSSELDORF?

Düsseldorf – ganz gleich, wie man sich der Stadt nähert: Ob man am Düsseldorf Airport landet, mit dem Zug anreist oder dem Auto, eines ist auf den ersten Blick klar: Der Rhein spielt eine große Rolle in dieser wunderschönen und aufregenden Landeshauptstadt NRWs.

Mal mehr oder weniger gemächlich, mal mit mehr oder weniger Wasser gefüllt schlängelt er sich vorbei an Medienhafen, Landtag, Altstadt, Nordpark, Oberkassel und vielen anderen Punkten der Stadt. Er ist Ausflugsziel, war und ist Verkehrsader und gehört zur Stadt wie das Altbier.

Aber woher hat Düsseldorf nun seinen Namen? Der Name *Dorf* ist für die Metropole, die laut Zählungen im Jahr 2019 etwa 620.000 Einwohner zählte und damit auf Platz 7 der deutschen Großstädte liegt, ein absolutes Understatement. Doch erstmals schriftlich erwähnt wurde das Dorf am Fluss Duessel im Jahr 1159 und wurde 1288 zur Stadt erhoben. Den Namenszusatz *Dorf* hat es jedoch über die Jahrhunderte behalten.

Die Stadtgeschichte reicht weiter zurück bis etwa ins Jahr 700, als im heutigen Stadtteil Kaiserswerth ein Kloster gegründet wurde. Kaiserswerth und umliegende Dörfer verschmolzen im Laufe der Jahrhunderte zur heutigen Großstadt.

Jahrhundertelang wurden Carlstadt und Altstadt, heute auch Stadtteile Düsseldorfs, von einem Wall umgeben und es dauerte bis ins 19. Jahrhundert, bis sich Düsseldorf, wie so viele Städte, erst mit der Industrialisierung über die engen Grenzen hinaus zu einer wirklichen Großstadt entwickelte. Den Titel als Großstadt erhielt die Stadt offiziell im Jahr 1882.

Besiedelt ist die Umgebung von Düsseldorf schon seit etwa 100.000 Jahren, denn hier im Neandertal, nur wenige Kilometer vom Stadtgebiet entfernt, wurden Spuren der nach dem Tal benannten Neandertaler gefunden.

Über die Geschichte Düsseldorfs wurden unzählige Bücher geschrieben und es ist unmöglich, die abwechslungsreiche, lebhafte und auch tragische Geschichte der Stadt kurz zusammenzufassen. Da Sie hier aber kein Geschichtsbuch in den Händen halten, sei nur ein kurzer Rückblick auf die Geschichte der Stadt erlaubt.

Von Julius Cäsar erobert war Düsseldorf ein Teil des Römischen Reiches. Es lag im Hinterland und zählte militärische Stützpunkte der Römer zu seinem Gebiet. Im Mittelalter wurde Düsseldorf von den Franken besiedelt, was man durch Grabfunde feststellen konnten. Beim Bau des Düsseldorf Airport fand man Überreste einer Burg im heutigen Lohhausen. Insgesamt gab es wohl 8 Burgen im heutigen Stadtgebiet.

Herzog Wilhelm I. von Berg, der Ende des 14. Jahrhunderts in der Stadt residierte, verhalf Düsseldorf zur Bedeutung eines Wallfahrtsortes, indem er

Reliquien kaufte, die Pilger in die Stadt lockten. Einmal im Jahr fand eine Prozession zu Ehren von Apollinaris, dem Düsseldorfer Stadtheiligen, statt. Die Prozession wurde mit einem großen Fest begangen und hat damit die Ursprünge zur Rheinkirmes gelegt. Es handelt sich dabei um ein großes Volksfest, das heute noch einmal jährlich in Düsseldorf an den Rheinwiesen stattfindet.

In den folgenden Jahrhunderten wechselten die Herrscher der Häuser, so zum Beispiel von Limburg-Berg, Jülich-Berg, Jülich-Kleve-Berg zu Pfalz-Neuburg, bis nach der Völkerschlacht bei Leipzig Düsseldorf, wie das gesamte Rheinland, ab 1815 zu Preußen zählte. Während Düsseldorf im Laufe der Jahrhunderte wuchs und an Bedeutung gewann, wurde es auch von Katastrophen heimgesucht. Die Pest wütete im 16. Jahrhundert, Cholera und die Pocken im 19. Jahrhundert kosteten ebenfalls vielen Menschen das Leben. Rheinhochwasser richtete wiederholt große Schäden an.

Auch der Zweite Weltkrieg hinterließ seine Spuren. Am 1. August 1942 fielen die ersten Bomben und bis zum Kriegsende wurde etwa die Hälfte der Stadt durch mehr als 240 Luftangriffe zerstört, 5.000

Zivilisten wurden getötet. Amerikanische Truppen marschierten im April 1945 in die Stadt ein. Das Land Nordrhein-Westfalen wurde am 23. August 1946 gegründet und Düsseldorf zu seiner Hauptstadt erklärt.

DER RHEIN UND DER HAFEN

Der Rhein spielte in all den Jahrhunderten eine große Rolle im Handel und viele Frachtschiffe wurden im Hafen Düsseldorfs abgefertigt. Allerdings war hier die Nachbarstadt Köln durch das sogenannte *Kölner Umschlagrecht* (Stapelrecht) klar im Vorteil. Auf dem Weg von den Niederlanden den Rhein hinauf wurden die Waren zunächst an Düsseldorf vorbei transportiert und in Köln zwischengelagert, bevor man sie weiter transportierte und verkaufte. Gelangten die Kölner so zunehmend zu Wohlstand, so konnten die Düsseldorfer nicht daran teilhaben.

Nach jahrelangen Auseinandersetzungen, die die Düsseldorfer gerne per Gerichtsbeschluss für sich entschieden hätten, behielten die Kölner weiterhin ihre Rechte und Düsseldorf ging leer aus. Dies soll der Beginn der Dauerfehde zwischen den beiden Städten gewesen sein, auf die später noch genauer eingegangen wird.

Ein echter Handelshafen konnte in Düsseldorf erst entstehen als Köln, wie auch andere Städte, seine Privilegien Ende des 19. Jahrhunderts verlor. Andere Städte am Rhein konnten nun nachziehen. Zu dieser Zeit verfügte Düsseldorf jedoch noch nicht annähernd über die Merkmale und Kapazitäten eines wirklichen Handelshafens. Der Düsseldorfer Hafen wuchs an Bedeutung zur Zeit des Wirtschaftswunders nach dem Zweiten Weltkrieg, doch schon kurz darauf und ab etwa 1970 konnte man feststellen, dass der Hafen für das umgeschlagene Volumen inzwischen viel zu groß war. Doch etwas zeichnete den Düsseldorfer Hafen trotzdem vor allen anderen Häfen aus: Er hatte eine gute Anbindung ans Schienennetz und war unter den ersten deutschen Binnenhäfen mit einem Containerterminal.

Ende der siebziger Jahre des 19. Jahrhunderts begann man dann mit der Umgestaltung, die schließlich den Weg ebnete für die Gestaltung des Hafens, wie er heute vorzufinden ist.

Teile des Hafenbeckens wurden zugeschüttet. Hier entstanden die Gebäude, die maßgeblich die Silhouette der Stadt ausmachen, wie wir sie heute kennen.

Der Hafen heute

Der *Rheinturm*, gebaut als Funk- und Fernsehturm, ragt seit 1982 mit stolzen 234 m über die Stadt und gilt als markantes Wahrzeichen. In 172,5 m Höhe befindet sich ein japanisches Drehrestaurant. Innerhalb von 72 Minuten dreht sich die Plattform, auf der es sich befindet, einmal um die eigene Achse.

Selbstverständlich gibt es eine Aussichtsplattform und auch ein Selbstbedienungsrestaurant zu erschwinglichen Preisen. Mit einer Geschwindigkeit von 4 m pro Sekunde bringen die beiden Aufzüge die Besucher zur gewünschten Plattform. Der

Rheinturm besitzt 62 Bullaugen, von denen 39 eine Dezimaluhr bilden.

Mit LED-Lampen versehen können durch die Bullaugen verschiedene Farben erzeugt werden, die in der Dämmerung und im Dunkeln einen wirklichen Hingucker darstellen.

Um den alten Handelshafen herum entstand nun nach und nach der Medienhafen, mit den berühmten Bauten des *Neuen Zollhofs*, der vom amerikanischen Stararchitekten Frank O. Gehry entworfen wurde. Etwas windschief stehen sie dort, aus Edelstahl, Klinkern und Putz, bei Sonnenschein glänzt das Gebäude aus Edelstahl und reflektiert die Sonnenstrahlen. Erst zur Jahrtausendwende gebaut sind diese Gebäude längst zu einem weiteren Wahrzeichen der Stadt geworden und einen Besuch wert. In einigen Geschäften findet man Tassen als Souvenir, die genauso windschief sind, wie die Bauten von Gehry, und auf denen seine Gebäude abgebildet sind. Hier sind nicht nur Unternehmen angesiedelt, man findet auch zahlreiche Restaurants, Clubs, Kinocenter und auch Hotels. Der Medienhafen ist inzwischen zu *dem* Treffpunkt avanciert.

Vom Medienhafen kann man in Richtung Altstadt flanieren, entlang am Landtaggebäude, das auch besucht werden kann. Auch nicht weit entfernt an der Rheinuferpromenade befindet sich das *Roncalli's Apollo Variété*. 1997 wurde es unter der Rhein-Knie-Brücke eröffnet und von Bernhard Paul, dem österreichischen Mitbegründer des Circus Roncalli, geführt. Neben Variété- und Musikveranstaltungen finden hier auch Theaterveranstaltungen statt. Das Variété fasst 330 Sitzplätze im Parkett an Tischen und auf dem Rang 146 Sesselplätze. Damit zählt es zu den größten Variété-Theatern Europas. Es verbindet den Hafen mit der Rheinuferpromenade und der Altstadt. Im Rahmen der Rheinufer- und Altstadtufergestaltung wurde es 1998 mit dem Deutschen Städtebaupreis ausgezeichnet.

Auch ein Hingucker auf dem Hafengelände ist das *Roggendorf-Haus* mit den *Flossis*. Flossis sind überdimensionale Kunststofffiguren mit riesigen, flossenartigen Händen und Füßen, 1998 von der Künstlerin Rosalie anlässlich einer Ausstellung entworfen. Insgesamt zieren 29 knallbunte Figuren die Fassade des Gebäudes.

Mit 62 m ist das *Colorium* des britischen Architekten William Alsop seit seiner Fertigstellung 2001 das höchste Gebäude im Medienhafen. Seinen Namen hat es wegen der 2.200 Glaspaneelen, die bunt bedruckt sind und vor der Fassade hängen. Auf fast 8.000 Quadratmetern befinden sich hier viele Büros.

Die Toten Hosen

Lange ansässig im Medienhafen war auch JKP („Jochens kleine Plattenfirma"), Plattenfirma und Label der Band *Die Toten Hosen,* die zu Düsseldorf gehören wie BAP zu Köln.

Seit 1982 gibt es die Band um Sänger Campino, die ihre Wurzeln im Punkrock hat. Mit den Erfolgshits *Eisgekühlter Bommerlunder* und *Hier kommt Alex* wurden sie auch beim großen Publikum bekannt. Sie tourten in ihren Anfängen als Vorband der Rolling Stones und füllen inzwischen selbst weltweit große Stadien. Am liebsten spielen sie live vor Publikum, der direkte Kontakt zu den Fans ist ihnen schon immer wichtig gewesen. So haben sie auch schon auf einem eigenen Wagen am Düsseldorfer Karnevalszug teilgenommen.

In ihren Stücken beziehen sie oft Stellung zu Politik, Sozialpolitik, sprechen sich gegen Fremdenhass aus und diskutieren aktuelle Themen. In ihrem Repertoire finden sich aber auch „Trinklieder", manchmal als „Mitgröl-Lieder" bezeichnet, wie der *Eisgekühlte Bommerlunder* oder *10 kleine Jägermeister*. Man kann feststellen, dass viele Deutsche die Lieder kennen, sie aber gar nicht den *Toten Hosen* zuordnen. *Die Toten Hosen* haben sich immer auch sozialkritisch engagiert und dies auch gelebt. Wichtig sind der Band bezahlbare Eintrittspreise und so verzichten sie auf teure Showeffekte. Stattdessen versuchen sie, durch einen personalisierten Kartenverkauf Schwarzmarktpreise zu verhindern und einem breiten Publikum den Besuch ihrer Konzerte zu ermöglichen. Berühmt geworden sind auch ihre spontanen Auftritte in Krankenhäusern oder Gefängnissen.

Die Hosen, wie sie auch kurz genannt werden, sind auch glühende Fans und Botschafter ihrer Heimatstadt, des Fußballvereins Fortuna Düsseldorf, des Eishockeyclubs DEG und des Altbiers. Dass diese Liebe über den Tod hinausgeht haben sie klar gemacht, als sie ein Grab für 17 Personen auf dem Düsseldorfer Südfriedhof für sich und Freunde gekauft haben.

Die Toten Hosen, bekennende Fans des Düsseldorfer Altbiers, hier insbesondere der Brauerei *Uerige*, haben zusammen mit der Brauerei ein neues Bier gebraut, und zwar das *Hosen hell*. Dieses obergärige Bier wird nach eigentlich traditionell bayerischer Braukunst produziert und das auch wahrhaftig in Bayern. Verrat an Düsseldorf? Nein, laut *Hosen* tragen sie so die Düsseldorfer Kultur hinaus in die Welt.

Aber auch die Liebe der Düsseldorfer ist den *Hosen* sicher. Treffen sie sicher nicht den Musikgeschmack jedes Düsseldorfers, so tragen nicht nur finanzielles Engagement für die Sportvereine, sondern auch ihre Aktionen und Bekenntnisse gegen den Fremdenhass dazu bei, dass es wohl kaum einen Düsseldorfer gibt, der nicht Fan der Band ist.

Die Hosen sind, ob gewollt oder ungewollt, auch ein Symbol für das, was die Düsseldorfer von den Kölnern unterscheidet, und aus Sicht der Düsseldorfer in ihrer Heimatstadt natürlich besser und schöner ist. An Karneval in Düsseldorf ruft man *Helau*, nicht *Alaaf*, man trinkt Altbier und unterstützt DEG und Fortuna.

Düsseldorf vs. Köln

Wir haben im geschichtlichen Rückblick schon kurz das Thema der Rivalität zwischen den beiden Städten gestreift. Das sogenannte *Kölner Umschlagrecht* ist ein Erklärungsversuch. Ein zweiter ist die *Schlacht bei Worringen*. In einem Jahre andauernden Erbfolgestreit zwischen dem Düsseldorf zuzuordnenden Grafen von Berg und dem Kölner Erzbischof wurde der Krieg schließlich am 5. Juni 1288 gegen den Erzbischof entschieden. Andere Theorien behaupten, es sei einfach die geographische Lage – Köln liegt links vom Rhein, Düsseldorf rechts. Was soll man davon halten? Ist diese Erklärung zu einfach oder vielleicht wahr?

Bekannt ist sicherlich der Kölner Dialekt, den man als „singend" bezeichnen kann. Er gehört zu Köln einfach dazu. Es gibt auch einen Düsseldorfer Dialekt, der dem „Kölner Singsang" nicht unähnlich ist und vom Kenner ebenfalls direkt dem Rheinland zugeordnet werden kann. Doch anders als in Köln legt man „nach außen" doch großen Wert auf eine dialektfreie Aussprache, denn „Rheinischer Singsang" passt nicht zum vornehmen Flair, mit dem Düsseldorf sich gerne umgibt. Hierzu gehört es auch, dass die in anderen Städten als „Frauenparkplätze" bezeichneten Parkplätze in Parkhäusern in Düsseldorf, speziell im Einzugsgebiet der Königsallee, als „Damenparkplätze" bezeichnet werden. Auch hier ein Unterschied zwischen dem eher „volkstümlichen" Köln und dem „vornehmen" Düsseldorf.

Es gibt auch Stimmen, die sagen, Köln habe nie verwunden, dass Düsseldorf zur Landeshauptstadt erkoren wurde, wenn es auch fast nur halb so viele Einwohner zählt.

Die Geister scheiden sich jedoch nicht nur bei den karnevalistischen Schlachtrufen, auch gerne miteinander verglichen und von der Gegenseite verunglimpft, werden das *Altbier* und das *Kölsch*, die eigentlich nicht zu vergleichen und darüber hinaus einfach nur Geschmackssache sind. Welches Bier sich Kölsch nennen darf, wird durch eine Konvention von 1985 geregelt. Nicht nur für die Kölner, sondern für alle Anhänger deutscher Braukunst geht es bei Zutaten, Reinheitsgebot und anderem um mehr als nur eine reine Vorschrift. Kölsch ist ein helles Bier, gefiltert, mit einem Alkoholgehalt von 4,8 %. Anhänger des Altbiers verunglimpfen es bisweilen als „verlängertes Pils", von dem man literweise trinken könne, ohne den Alkohol zu spüren. Serviert wird es normalerweise in schmalen, eher höheren Gläsern, den sogenannten Kölner Stangen, die 0,2 l fassen. Serviert vom *Köbes*, dem Kellner in einem Kölner Brauhaus, werden sie oft in einem Kranz durchs Brauhaus transportiert. Das ist eine Art rundes Tablett, das in der Mitte einen großen Haltegriff hat, um den herum eine Haltevorrichtung für die Kölner Stangen drapiert ist.

Das Altbier, auch kurz *Alt* genannt, ist ein dunkles Bier. Sein Geschmack ist eher malzig und kräftig, sein Alkoholgehalt liegt bei 4 - 5 %. Auch wenn der Alkoholgehalt nicht unbedingt höher ausfällt als beim Kölsch, wird oft die Meinung vertreten, dass beim Alt schneller eine Wirkung des Alkohols zu spüren sei. Serviert wird es in einem Altbierglas, das etwas flacher und breiter ist als die Kölner Stange. Es fasst traditionell ebenfalls 0,2 l, es existieren jedoch auch 0,3 oder 0,5 l-Gläser. Normalerweise ziert die Gläser das Wappen der jeweiligen Brauerei. Serviert wird das Bier im Brauhaus meist „am Meter", das heißt in einer 1 m langen Holzvorrichtung, in der nebeneinander angeordnet Aussparungen für die Altbiergläser sind. Auch in Düsseldorf heißt der Kellner im Brauhaus *Köbes*.

Altbier gibt es aber nicht nur in Düsseldorf. Es ist typisch für den Niederrhein und Westfalen, aber zumindest ist Düsseldorf die Hauptstadt des Altbiers. Bis in die 1950er-Jahre wurde es auch als *Düssel* bezeichnet. Wie beim Kölsch war der Name des Biers also noch am Namen der Stadt erkennbar. Erst danach entstand die Bezeichnung *Altbier*, die darauf verweist, dass das Bier nach alter, traditioneller

Braukunst hergestellt wird.

Altbier-Brauereien in Düsseldorf gibt es noch viele. Zu den bekanntesten zählen Schlösser, Uerige, Gatzweiler, Schumacher, Füchschen oder Frankenheim. Man kann selbstverständlich auch Brauereitouren buchen. Einige Brauereien brauen auch zu bestimmten Jahreszeiten spezielle Biere, so zum Beispiel das *Weihnachtsbier* der Füchschen-Brauerei, das mit einem Alkoholgehalt von 5,2 % am Heiligabend in den Ausschank kommt. Das *Latzenbier* von Schumacher hat 5,5 % Alkohol und kommt am jeweils 3. Donnerstag im März, September und November in den Ausschank und das *Uerige Sticke* am jeweils 3. Dienstag im Januar und Oktober mit 6 % Alkoholgehalt. Extra gebraut für den amerikanischen Markt wird mit 8 % das *Doppelsticke*, auch aus dem Hause Uerige.

Kirsche und Killepitsch

Aber nicht nur das Altbier ist eine alkoholische Spezialität der Stadt. Es gibt noch *Killepitsch* und die *Düsseldorfer Kirsche*. Der Name *Düsseldorfer Kirsche* erklärt sich fast von selbst. Hierbei handelt es sich um einen Kirschlikör mit 15 % Alkoholgehalt.

Laut Schmittmann GmbH, dem Hersteller der *Düsseldorfer Kirsche*, „[...] *erinnert das Bouquet an Marzipan und animiert zum ersten Schluck. Sie schmecken: nichts als Kirsche. Köstlich!*". Doch was verbirgt sich hinter dem *Killepitsch*? Der Kräuterlikör aus dem Hause Peter Busch hat einen Alkoholgehalt von 42 % und ist längst über die Stadtgrenzen hinaus berühmt. Er wird mittlerweile in 14 Länder exportiert und hat Anhänger in den USA bis hin nach Japan. Erweitert wurde das Sortiment mittlerweile um *Applepitsch*, *Vodkapitsch* und *Gin Pitsch*. Regelmäßig kommen auch Sondereditionen des Originals, das nach einem streng gehüteten Familienrezept aus 98 Kräutern gebraut wird, auf den Markt. Der Legende nach saßen die beiden Düsseldorfer Hans Müller-Schlösser, Dramatiker, und Willi Busch, Spezialist für Liköre, im Zweiten Weltkrieg zusammen in einem Luftschutzbunker. Busch soll damals zu Müller-Schlösser gesagt haben, er braue ihm einen Likör zum „pitschen" (trinken), wenn die Bomben ihn nicht „killen". Beide überlebten den Angriff und so entstand der Likör.

Die längste Theke der Welt

An der längsten Theke der Welt sind natürlich alle Altbiersorten, aber auch viele andere alkoholische Getränke vertreten. Wer in Düsseldorf nach einer Kneipe mit einer langen Theke sucht, wird dies vergeblich tun.

Der Begriff stammt von den fast 250 Kneipen und Lokalitäten, die sich in der Altstadt fast nahtlos aneinanderreihen. Wie schlecht das Wetter auch sein mag, es gibt immer lange Stehtische draußen, oft zumindest mit einer Art Plane überdacht, bei kaltem Wetter mit Heizstrahlern versehen, an denen wetterfeste Kneipenbesucher und/oder Raucher gemütlich zusammenstehen und ein Glas Altbier trinken. Die Geselligkeit, die die Kölner gerne für sich beanspruchen, wie in einem im Rheinland bekannten Lied der Kölner Band Bläck Fööss besungen wird, wo niemand in einer Kneipe lange allein sein Bier trinken muss, sondern schnell von den anderen Besuchern aufgefordert wird, sich dazuzugesellen, findet man auch in Düsseldorf. Wer nicht möchte, muss sein Bier nicht alleine trinken. Es findet sich meistens jemand, der zu einem Schwätzchen bei einem guten Glas Alt aufgelegt ist.

An der längsten Theke der Welt feiert und betrauert man auch die Siege oder Niederlagen der zwei großen Sportvereine, dem Fußballverein Fortuna Düsseldorf, 1895 gegründet, und der Düsseldorfer EG, der Eislaufgemeinschaft, die 1935 gegründet wurde. Seit 2002 trägt die DEG nun den offiziellen Namen DEG Metro-Stars Düsseldorf, nach dem Hauptsponsor des Vereins.

Die fünfte Jahreszeit

Schon mehrfach erwähnt wurde der Brauch des Karnevals. Hier muss betont werden, dass es sich logischerweise um den Rheinischen Karneval handelt, der in den Hochburgen Düsseldorf und Köln vertreten ist.

So sind es, zusammen mit Mainz, die Umzüge dieser beiden Städte, die immer am Rosenmontag auch im deutschen Fernsehen übertragen werden und selbst von Karnevalsmuffeln bisweilen gerne gesehen werden. Der Zug in Düsseldorf ist berühmt für seine Mottowagen, bei denen viele politische Motiv- und Karrikaturwagen mitfahren.

Das Epizentrum des Düsseldorfer Karnevals, der im Rheinland „Die fünfte Jahreszeit" genannt wird, ist natürlich die Altstadt. Hier erwacht am 11.11. der *Hoppeditz*, eine Art Hofnarr, womit dann offiziell die Karnevalssaison beginnt. Der Ursprung des Namens kann nicht eindeutig festgemacht werden. Es ist jedoch sehr wahrscheinlich, dass es sich um eine Zusammensetzung aus den rheinischen Wörtern für hüpfen/springen „hoppe" und „Di(t)z" ist, das bedeutet „Knirps, kleiner Mensch". Danach wäre der Hoppeditz also ein kleiner, hüpfender Mensch.

Am Aschermittwoch, mit dem die Karnevalssaison endet, wird der Hoppeditz unter großem Wehklagen zu Grabe getragen. Ein Denkmal für den Hoppeditz findet man in der Zollstraße.

Zum Karneval gehört natürlich auch ein Prinz. In Düsseldorf ist es ein Prinzenpaar, dessen weiblicher Part den Titel *Venetia* trägt. Im Kölner Karneval gibt es ein Dreigestirn, das aus Prinz, Bauer und Jungfrau besteht, wobei die Jungfrau stets von einem Mann dargestellt wird.

Während man fast im gesamten Rheinland den karnevalistischen Ausruf *Alaaf* vernimmt, ruft man in Düsseldorf fröhlich *Helau*. Ein Besucher outet sich direkt als Nicht-Düsseldorfer, wenn er hier versehentlich oder unwissentlich ein munteres und unbedarftes *Alaaf* in die Menge ruft. Verständnislose, bisweilen entsetzte Blicke und energisches Kopfschütteln sind ihm dann sicher. Woher die Begriffe kommen, dazu gibt es Dutzende unterschiedliche Theorien und Erklärungen, die für sich jeweils in Anspruch nehmen, die richtige zu sein. Da es aber keine bewiesene Erklärung gibt, wird hier darauf verzichtet, sich einer der Theorien anzuschließen. Wichtig ist auch nur, dass man weiß, welchen Narrenruf man in welcher Stadt ausrufen muss.

Dem Nicht-Rheinländer vermag sich auch nach vielen Jahren im Rheinland der Brauch in seiner heutigen Ausführung nicht immer vollständig zu erschließen. Büttenreden – meistens bissige, witzige, ironische, politisch motivierte Reden, die traditionell in einem Fass (einer *Bütt*) gehalten werden, Karnevalssitzungen mit Prinzenmariechen und Tanzpaaren, jede Menge Alkohol und Feiern ohne Pause gehören heute zum Karneval dazu. Am

Fettdonnerstag, wie er je nach Region genannt wird, beginnt der eigentliche Karneval. An diesem Tag führen die Frauen das Regiment und diejenigen, die an diesem Tag zur Arbeit gehen, natürlich kostümiert, schneiden den männlichen Kollegen die Krawatte ab und hängen das abgeschnittene Stück als Trophäe an die Wand. Männern ist es an diesem Tag geraten, entweder erst gar keine Krawatte zu tragen oder, wenn es unbedingt sein muss, eine Krawatte, deren Verlust man verschmerzen kann. Hier wird niemand verschont und der Hinweis darauf, dass es die Lieblingskrawatte sei oder man nicht gewusst habe, dass dies Brauch ist, ist zwecklos. Die Rheinländerin versteht hier keinen Spaß, Gnade gibt es nicht.

In den Karnevalshochburgen gibt es unzählige Karnevalsvereine, in denen Hierarchien und Abläufe strengen Regeln und Ritualen unterworfen sind, doch die meisten Menschen feiern spontan den Straßenkarneval. Unter dem Einfluss von mehr oder weniger Alkohol wird fröhlich gefeiert, plötzlich hat man gute Freunde, die man 10 Minuten vorher noch gar nicht kannte. Für Nicht-Rheinländer sind die Sitten und Gebräuche oft schwer zu verstehen und auch, warum sich ein vielleicht eher ruhiger und langweiliger Mensch zur Karnevalszeit in ein wahres Feierbiest verwandelt. Vielleicht gibt es doch so etwas wie ein Karnevalsgen, das sich aber auch nicht automatisch an jeden Rheinländer vererbt. Es gibt genug Karnevalsflüchtlinge, die für die *jecken* (verrückten) *Tage* sehr gerne an die belgische oder niederländische Küste entschwinden, um dem ganzen Trubel zu entgehen.

Es gibt aber nicht nur den großen Karnevalszug am Rosenmontag, sondern auch ganz viele kleinere Karnevalsumzüge in einzelnen Stadtteilen (*Veedelszooch*, „Viertelsumzug"). Auch spezielle Kinderumzüge finden statt.

Traditionell werden Süßigkeiten und anderes Wurfmaterial von den Karnevalswagen in die Menge geworfen oder auch von den unzähligen Fußgruppen ans Publikum verteilt. Für die Kinder ist das ein Riesenspaß und es gibt oft einen unausgesprochenen Wettbewerb, wer mit den meisten Tüten nach Hause kommt. Tatsächlich reicht die eingesammelte Beute oft als Süßigkeitenvorrat für die nächsten Wochen für die ganze Familie.

Eine Tradition, die ihren Ursprung auch in der Karnevalszeit hat, sich aber in den Abläufen im Laufe der Jahre sehr verändert hat, ist der sogenannte *Tuntenlauf*.

Als Tunte wird im Allgemeinen ein Mann bezeichnet, der homosexuell oder Transvestit ist und sich durch auffällige Kostümierung und schrilles Makeup auszeichnet. Dieser Tuntenlauf fand seit 1995 auf der Kö (Königsallee) am Karnevalssamstag statt. Die Einnahmen wurden für die Deutsche Aidshilfe gespendet.

Dieser Lauf entwickelte sich im Laufe der Jahre zu einem solchen Zuschauermagneten mit einer so großen Zahl an Zuschauern, dass die Sicherheitsauflagen der Stadt für eine solche Veranstaltung finanziell nicht mehr getragen werden konnten. 2010 fand dann der letzte Tuntenlauf auf der Kö statt.

Seit 2011 findet *Tunte lauf!* nun nicht mehr auf der Kö statt, sondern in geschlossenen Räumlichkeiten, zum Diskotheken, unter der Leitung der KG (Karnevalsgesellschaft) Regenbogen, und erfreut sich nach wie vor großer Beliebtheit.

Am Aschermittwoch ist bekanntlich alles schon wieder vorbei. In Düsseldorf wird nun der

Hoppeditz zu Grabe getragen bzw. im Garten des Düsseldorfer Stadtmuseums eingeäschert. Dann wird darauf gewartet, dass er am 11.11. um 11.11 Uhr wieder zu neuem Leben erweckt.

Berühmte Kinder der Stadt

Der Hoppeditz gilt für die Düsseldorfer genauso als Sohn der Stadt wie *Die Toten Hosen*, doch auch *Heinrich Heine*, *Mutter Ey*, *Kai und Lore Lorentz* oder *Markus Lüpertz* und *Josef Beuys* sind untrennbar mit der Stadt verbunden.

Dem Schriftsteller **Heinrich Heine**, dessen Leben und Werk wir als weitgehend bekannt voraussetzen, begegnet man in dem Namen von Schulen, Straßen oder Plätzen. Die renommierte Universität der Landeshauptstadt trägt ebenfalls seinen Namen.

Heine wurde am 13. Dezember 1797 in Düsseldorf geboren und lebte dort, bis er 1815 nach Frankfurt ging, um eine Banklehre anzufangen. Nach vielen Ortswechseln und Reisen, die ihn nie wieder dauerhaft nach Düsseldorf zurückkehren ließen, verstarb er am 17. Februar 1856 in Paris und wurde dort auf dem Friedhof Montmartre beigesetzt. Für die Düsseldorfer ist er immer einer der ihren geblieben. Das *Heinrich-Heine-Institut* präsentiert die nach eigenen Angaben weltweit einzige Dauerausstellung zum Leben und Wirken des Dichters und es gibt immer wechselnde Sonderausstellungen aus dem literarischen, musikalischen oder kulturhistorischen Bereich.

Eine andere für Düsseldorf sehr wichtige Person ist Johanna Ey, genannt **Mutter Ey.** Unter anderem ein Platz, eine Straße und ein Café tragen ihren Namen. Johanna Ey, von Heinrich Böll als *Künstlermutter* bezeichnet, wurde am 4. März 1864 in Wickrath als Johanna Stocken geboren. Sie wuchs in sehr einfachen Verhältnissen auf und kam erst im Alter von 19 Jahren nach Düsseldorf. Sie heiratete einen Braumeister, bekam zwölf Kinder, von denen tragischerweise nur vier überlebten, und wurde bald von

Johannes Ey geschieden. Für ihre Zeit war allein die Tatsache, alleinerziehend und geschieden zu sein, revolutionär und ungewöhnlich. Nach ihrer Scheidung eröffnete sie eine Backwarenhandlung, die in der Nähe der Kunstakademie lag, und so entstanden die Kontakte zur Künstlerszene. Den Künstlern und Akademie-Studenten räumte sie oft Kredite ein, wenn diese für ihre Einkäufe nicht zahlen konnten. Mutter Ey eröffnete im Ersten Weltkrieg eine Galerie und wurde auch von vielen berühmten Malern, unter anderem von Otto Dix, portraitiert.

Im Zuge des Nationalsozialismus musste sie 1934 ihre Galerie wieder schließen, stuften die Nazis die ausgestellten Werke doch als „entartet" ein. Erst kurz nach dem Ende des Zweiten Weltkriegs, im Jahr 1947, konnte Johanna Ey erneut eine Kunstsammlung eröffnen. Kurz nach der Eröffnung am 27. August 1947 verstarb sie jedoch in Düsseldorf. Auf dem Nordfriedhof der Stadt findet man ein Ehrengrab und in der Stadt gibt es mehrere Mutter-Ey-Statuen. Zuletzt wurde 2017 eine von Bert Gerresheim geschaffene Skulptur eingeweiht. Auch die Stadt Wickrath ehrt Johann Ey mit einer Statue. Für die Düsseldorfer war und ist sie nicht nur Künstlermutter, sie war eine für ihre Zeit ungewöhnlich emanzipierte Frau, energisch, kämpferisch, aber, wie eine Mutter, stets bemüht um das Wohlergehen ihrer „Kinder".

Auch untrennbar mit Düsseldorf verbunden ist einer der bekanntesten deutschen Gegenwartskünstler, *Markus Lüpertz*, geboren am 25. April 1942 in Reichenberg. Der von der Presse als *Malerfürst* gefeierte Künstler pflegt(e) stets sein Image des genialen Exzentrikers. Seine Beziehung zu Düsseldorf begann, als er 1986 seine Professur an der Düsseldorfer Kunstakademie erhielt und zwei Jahre später zum Rektor ernannt wurde. Er blieb an der Akademie bis zum Jahr 2009. Lüpertz schuf nicht nur Gemälde, sondern auch Skulpturen und Kirchenfenster. Seine Werke sind in Museen und Galerien weltweit ausgestellt. Neben Baselitz zählt er zum wichtigsten deutschen Vertreter des Neoexpressionismus. Heute arbeitet und lebt er sowohl in Düsseldorf als auch in Karlsruhe und Berlin.

Auch der am 12. Mai 1921 in Krefeld geborene und am 23. Januar 1986 in Düsseldorf gestorbene Aktionskünstler *Joseph Beuys* hatte eine Professur an der Kunstakademie in Düsseldorf. 1961 zog er dorthin, als er in Düsseldorf den Lehrstuhl für monumentale Bildhauerei erhielt. Nach einigen spektakulären Aktionen wurden ihm 1972 seine Entlassungspapiere gereicht. Beuys hatte sich stets gegen die üblichen Aufnahmeverfahren für Studenten an der Akademie gewehrt. Er hielt nichts von einem Numerus clausus und auch nichts davon, dass angehende Studierende Mappen mit ihren Werken oder Proben ihres Könnens abliefern sollten. Seine Philosophie war es, dass jeder, der Kunst studieren wollte, auch die Gelegenheit dazu erhalten sollte. So setzte er sich über diese Auswahlverfahren hinweg und nahm in seine Klassen so viele Kunststudenten auf, wie er wollte. Nach mehreren Protestaktionen von ihm und seinen Studenten wurde er entlassen. Unterstützt von Künstlerkollegen und Schriftstellern überquerte er in einem Einbaum in einer aufsehenerregenden Aktion den Rhein von Oberkassel, wo er wohnte, bis zur gegenüberliegenden Uferseite der Altstadt, nahe der Kunstakademie.

In einem von ihm initiierten Rechtsstreit mit dem Land Nordrhein-Westfalen, der über mehrere Jahre andauerte, erhielt er durch das Bundesarbeitsgericht in Kassel 1980 schließlich die Erlaubnis, seinen Professoren-Titel weiter zu führen und auch seinen Atelier-Raum in der Kunstakademie weiter benutzen zu dürfen. Im Gegenzug behielt man sich vor, dass kein weiteres Arbeitsverhältnis bis zur Vollendung seines 64. Lebensjahres zwischen Akademie und Künstler mehr zustande kommen sollte.

1982 nahm er den Protestsong *Wir wollen Sonne, statt Reagan* auf, gerichtet gegen den damals amtierenden amerikanischen Präsidenten Ronald Reagan und seine Rüstungspolitik. Mit diesem Stück wurde er auch bei einem Publikum berühmt, das sich ansonsten eher weniger für die bildenden Künste interessierte. In Vergessenheit geriet vielleicht, dass er einer der Mitbegründer der *Grünen* war, unvergessen jedoch sind seine Kunstwerke.

Die *Fettecke* in seinem Atelier in der Kunstakademie wurde 1986, nach seinem Tod, von einem Hausmeister versehentlich entfernt, was einen Sturm der Entrüstung hervorrief. Im Dozentenzimmer ist noch ein hinter Glas geschützter kleiner Fettfleck an der Wand zu sehen. Berühmt wurde auch Beuys Kunstwerk *Der Fettstuhl.*

Warum spielte Fett in der Kunst von Beuys eine große Rolle, ebenso wie das Material Filz, aus dem der Hut war, mit dem er immer in der Öffentlichkeit zu sehen war? Es wird erzählt, Beuys sei nach einem Flugzeugabschuss 1944 schwer verletzt worden. Mit Splittern im Körper, gebrochenem Nasenbein und Schädel waren die Überlebenschancen als schlecht zu bezeichnen, doch Krimtataren sollen ihn gefunden, gepflegt und ihm mit Fett und Filz das Leben gerettet haben. Nach eigenen Angaben sollen sie mit Fett seinen Körper eingerieben haben, um die Wärme zurück in den Körper zu holen, und in Filz soll man ihn eingewickelt haben, um die Wärme zu halten. Historiker sagen jedoch, dass es 1944 auf der Krim schon keine Tataren mehr gegeben habe. Wie dem auch sei – die beiden Materialien ziehen sich wie ein roter Faden durch Beuys Leben und Schaffen.

Zu für den Künstler trauriger, für das deutsche Fernsehpublikum heiterer, Berühmtheit gelangte Beuys' Ende der 1960er-Jahre in Düsseldorf ausgestellte Badewanne, die mit Fett, Mullbinden, Kupferdraht und Heftpflaster bearbeitet worden war. 1973 ging das Kunstwerk für eine Ausstellung nach Leverkusen und wurde dort aufbewahrt, da die Ausstellung noch nicht fertig vorbereitet war. Anlässlich einer Feier der SPD in dem Gebäude suchten zwei

40|BERÜHMTE KINDER DER STADT

Frauen eine Schüssel, um die Gläser für das Fest spülen zu können und fanden die Badewanne. Diese schrubbten sie so lange, bis sie sauber und als Spülbehälter zu gebrauchen war. Beuys war sichtlich getroffen, es folgte eine Klage auf Schadenersatz und der Künstler versuchte sich 1977 an einer Nachbildung des Kunstwerks. Einer breiten Masse wurde diese Episode durch einen Werbespot für ein Scheuermittel bekannt, in dem zwei Putzfrauen eine vermeintlich schmutzige Badewanne in einem Museum mit dem Scheuermittel auf Hochglanz polieren.

Am 23. Januar 1986 verstarb Joseph Beuys in Oberkassel und seine Asche wurde der Nordsee 3 Monate später übergeben.

Berühmt für Kleinkunst ist auch das in Düsseldorf ansässige *Kom(m)ödchen*, das 1947 als literarisch-politisches Kabarett von *Kay und Lore Lorentz* gegründet wurde. Man findet es heute am gleichnamigen Kay-und-Lore-Lorentz-Platz in der Altstadt. Neben einem festen Ensemble treten hier viele hochkarätige deutschsprachige Kabarettisten auf. Nach dem Tod seines Vaters 1993 und dem seiner Mutter 1994 übernahm Sohn Kay Sebastian die Leitung. Bisweilen sitzt er selbst am Kartenverkauf und kümmert sich auch sonst um die Belange des renommierten Hauses. Die Atmosphäre im Kom(m)ödchen ist gemütlich, fasst es gerade einmal 200 Zuschauer. Die Bühne erinnert an ein rustikales Wohnzimmer, Schnitzereien in dunklem Holz bilden den Hintergrund der Bühne. Am 7. Juli 2017 feierte das Haus seinen 70. Geburtstag. Ensemble-Mitglied Christian Ehrig, auch häufig im Fernsehen zu Gast, präsentierte in einem Kurzprogramm, das fünf Mal aufgeführt wurde, kurzweilig und sehr informativ die Geschichte des Hauses.

Shopping und Freizeit

Die Stadt Düsseldorf bietet ein vielfältiges Freizeitprogramm, das von einem gemütlichen Einkaufsbummel über Spaziergänge und Erkundungen der bunten Stadtviertel bis hin zu sportlichen Aktivitäten wie Fahrrad- oder Wildwasserrafting-Touren reicht.

SHOPPING, CAFÉS UND MEHR

In der Düsseldorfer Altstadt gibt es zahlreiche Möglichkeiten für eine ausgedehnte Shopping-Tour und für jedes Budget. Es reihen sich die bekannten Ketten wie H&M, Only, Tamaris, Rituals und viele mehr aneinander, aber auch viele individuelle Boutiquen und Geschäfte kann man finden.

Die lange Einkaufsstraße erstreckt sich beinahe vom Rhein bis hin zur Königsallee und verläuft parallel zur Bolkerstraße, der längsten Theke der Welt. Für eine Stärkung oder eine Kaffeepause zwischendurch ist also bestens gesorgt. Die Suche nach den neusten Trends, Schnäppchen oder ausgefallenen Ideen endet jedoch nicht auf der Königsallee, sondern geht weiter bis in Richtung Wehrhahn.

Wer auf der Suche nach Mode für den kleineren Geldbeutel ist, wird sich am vierstöckigen Primark erfreuen, das sich im Zentrum der Schadowstraße befindet. Die Schadowstraße bietet neben Geschäften wie Galeria Kaufhof, Urban Outfitters oder Decathlon auch Sitz- und Essgelegenheiten wie beispielsweise die Cafés Coffee Fellows oder Wonder Waffel direkt um die Ecke.

Eine weitere Möglichkeit zum ausgiebigen Shoppen stellen die *Bilder Arkaden* dar. Auf mehreren Etagen finden sich viele Geschäfte sowie eine nach amerikanischem Vorbild angelegte eigene Etage für Restaurants, dem sogenannten „Food Court". Die Läden in den Bilker Arkaden richten sich an ganz unterschiedliche Budgets und sind so in jedem Fall einen Besuch wert.

Wer es luxuriös bevorzugt, kommt in Düsseldorf auch definitiv auf seine Kosten. Die Königsallee, kurz *Kö*, ist bekannt für ihre schicken Boutiquen, prächtigen Arkaden und teuren Restaurants. Hier reihen sich Geschäfte wie Tiffany & Co., Prada, Chanel, Abercrombie & Fitch und Miu aneinander. In den Schaufenstern wird die neuste Mode der internationalen Designer vorgestellt, die man beim Schlendern über die Kö bewundern kann. So bietet die Kö ein luxuriöses Ambiente und ermöglicht ein außergewöhnliches Shopping-Erlebnis, traditionell für den gut gefüllten Geldbeutel. Inzwischen gibt es aber auch bezahlbare Geschäfte für das kleinere Budget.

Der sogenannte „Kö-Graben", der mit Wasser gefüllt ist und der die Allee in der Mitte teilt, ist mit seinem Brunnen eine traumhafte Kulisse, an der

Touristen zahlreiche spontane Fotoshootings machen. Der Kö-Graben ist umringt von Bäumen und Bänken, auf denen man gerne verweilt, um den Eindruck der Allee auf sich wirken zu lassen. Von hier kann man auch sehr gut die sogenannten „Auto-Poser" beobachten, die ihre „aufgemotzten" Autos des oberen Preissegments gerne auf der Kö präsentieren.

Ein besonderes Highlight der Entspannung an der Königsallee ist die *Mayersche Buchhandlung*. In einem kleinen, gemütlichen Café kann man sich eine Pause gönnen, während man in dem vielfältigen Sortiment der Buchhandlung schmökert und eine Auszeit genießt. Einen besonders schönen Ausblick hat man von den oberen Etagen in der Mayersche. Von dort aus kann man das Treiben auf der Königsallee beobachten und sich am Ausblick des Hofgartens und der prachtvollen Hotels erfreuen. Besonders schön ist die Aussicht im Winter, wenn die Schlittschuhbahn und der Weihnachtsmarkt eröffnet sind und die Umgebung mit bunten Lichtern und Musik verschönern.

Ein Insider-Tipp in der Altstadt ist die *Blumen-Galerie Schneiders* an der Kunsthalle. Im Vorbeigehen könnte man sie fast übersehen, da sie sich in einer Ecke neben Restaurants verbirgt. Bereits beim Eintreten kommt einem der Duft von zahlreichen Rosensträußen entgegen, die liebevoll und dekorativ zusammengestellt wurden. Der kleine Laden ist detailorientiert und stilvoll eingerichtet und perfekt, wenn man nach ausgefallenen Dekorations-Ideen, originellen Sprüchen auf Schildern oder kleinen Souvenirs und Mitbringseln sucht.

PARKS, SEGWAY, RAFTING, BADEN

Die Düsseldorfer Altstadt bietet neben Shopping-Möglichkeiten auch vielfältige Gelegenheiten zur Erholung und Entspannung in der Natur.

Direkt angrenzend an die Königsallee befindet sich der *Hofgarten*. Mit Vögeln und Kaninchen, Wiesen, Sitzgelegenheiten und kleinen Wasserstellen bietet er eine idyllische Kulisse, die mitten in der Stadt zur Erholung einlädt und ist ein Stück Natur in der Innenstadt. Er eignet sich für einen Spaziergang ebenso gut wie für eine kurze Fahrradtour mit der Familie. Wer gerne ein Picknick machen, sich einer

Sportgruppe im Park anschließen oder auf einer Wiese die Sonne genießen möchte, wird im Hofgarten einen geeigneten Fleck dafür finden.

Ein weiterer Ort, der sich in der Altstadt verbirgt und ein Naturerlebnis abseits des Trubels des Stadtlebens ermöglicht, ist der *Paradiesstrand*. Bereits der Fußweg dorthin entlang des Rheins ist lohnenswert, bietet er doch einen fortwährenden Blick auf den Rhein. Der Weg führt zudem am Medienhafen vorbei und man überquert eine Brücke, auf der man die Aussicht über Rhein, Stadt und Hafen bewundern kann. Abseits der Stadt offenbart sich ein langer Sandstrand, bei dem es sich um einen Naturstrand direkt am Rhein handelt. Naturschatten wird durch die Bäume gespendet, während die langen Strände auch zum Sonnen einladen. Von vielen bislang unentdeckt, fühlt sich ein Aufenthalt am Paradiesstrand wie ein Kurzurlaub in der (eigenen) Stadt an. Wegen der starken Strömung des Rheins ist es nicht möglich, weit hinaus zu schwimmen. Man kann jedoch in einer kleinen Bucht, die direkt an den Rhein angrenzt, plantschen, sich vorsichtig im Wasser treiben lassen und sich an heißen Sommertagen eine Abkühlung gönnen. An warmen Tagen ist der

Paradiesstrand ein beliebter Ort für kleinere Gruppen, um zu grillen, Musik zu hören und den Abend ruhig ausklingen zu lassen. Ob man allein kommt, mit Freunden, mit der Familie oder sich gemeinsam einen romantischen Sonnenuntergang ansehen will – der Paradiesstrand ist auf jeden Fall einen Besuch wert.

Für die Aktiven, Abenteuerlustigen sind die *Wildwasserrafting-Touren* eine Aktivität, die Sie unbedingt in Ihr Stadt-Programm aufnehmen sollten. Auch hier gibt es unterschiedliche Touren, die von mehreren Organisationen angeboten werden. Die Organisation „Flussfreunde" ermöglicht beispielsweise eine Tour, die in Neuss startet und in der Düsseldorfer Altstadt an der Theodor-Heuss-Brücke endet. Die Brücke ist etwa 20 Minuten fußläufig von der Altstadt entfernt, sodass Sie von dort aus Ihr Stadtprogramm problemlos fortsetzen können. Die Rafting-Tour startet in Neuss an der Erft. In diesem Teil der Strecke kommt ein bisschen mehr Action auf, die Strömung ist stark und der kurvige Fluss lädt mit seinem Gefälle und seinen engen Kurven zu jeder Menge Spaß und Abenteuer ein. Ein wenig treiben lassen kann man sich später auf dem Rhein, in den die Erft mündet. Das Boot treibt entlang des Paradiesstrandes, wobei auch der Medienhafen in Sicht kommt und man so einen schönen Blick auf die Altstadt erhaschen kann. Ob Sie allein kommen, sich einer Gruppe anschließen oder eine große Gruppe mitbringen, die ein eigenes Boot füllt – die Wildwasser-Touren sind für jede Gruppengröße geeignet und begeistern Alt und Jung gleichermaßen.

Wer gerne Zeit auf dem Wasser und in freier Natur verbringt, den wird es an schönen Tagen zum **Unterbacher See** locken. Abseits der Stadt, und mit öffentlichen Verkehrsmitteln etwa eine Stunde entfernt, befindet sich der See, der sich ideal für Spaziergänge, Fahrradtouren oder zum Joggen eignet. Eine Minigolfanlage sowie ein anliegendes Café stellen das perfekte Ziel für einen Familientag am See dar. Im Sommer sind zudem die Strände geöffnet, an denen man, anders als am Paradiesstrand, gefahrlos baden und schwimmen kann. Im Sommer ist auch der Tretbootverleih geöffnet, sodass man die Umgebung per Boot erkunden und auf den See hinausfahren kann. Ob nur für einen kurzen Spaziergang, eine Runde mit dem Boot oder einen ausgiebigen Strandbesuch – der Unterbacher See eignet sich für einen

kurzen Abstecher ebenso gut wie für ein Tagespro-
gramm.

Wer gerne spazieren geht, wird sich an der Strecke entlang des Rhein erfreuen, die von der Altstadt
bis zum **Nordpark** reicht. Nach circa 1 - 1,5 Stunden,
je nach Lauftempo, erreicht man den Nordpark,
kann jedoch auch noch weiterlaufen und die Aussicht am Rhein genießen. Der Nordpark sowie die
Strecke dorthin eignen sich ebenso gut auch für
Fahrradtouren. Auf 36 Hektar Fläche finden sich im
Nordpark zahlreiche Wiesen, kunstvoll geschnittene
Bäume und prachtvoll angelegte Blumenfelder. Es
gibt einen Japanischen Garten und hier befindet sich
auch das **Aquazoo Löbbecke Museum**, ein Highlight
für einen Familienbesuch auch bei schlechtem Wetter und zu jeder Jahreszeit. Die Wiesen laden bei gu-
tem Wetter zum Picknicken, Sonnen und Entspannen ein. Besonders reizvoll im Nordpark ist der Japanische Garten, der sich durch seine kunstvoll angelegte Botanik auszeichnet und eine wunderschöne
Fotokulisse darstellt. Mitten im Nordpark befindet
sich ein Café, in dem man sich stärken kann.

Ein Spaziergang oder eine Fahrradtour ist auch
auf der gegenüberliegenden Seite des Rheins

möglich. Von dieser Seite aus kann man die Altbauten entlang des Rheinufers betrachten, die Architektur bewundern und sich anschließend auf den Wiesen am Flussufer entspannen.

Wer es lieber sportlich mag, den wird es freuen, dass es ein großes Angebot von **Segway-Touren** gibt, die zu einem sportlichen Abenteuer einladen. Es werden verschiedene Touren angeboten, die jeweils unterschiedlich lang dauern und durch verschiedene Teile der Stadt führen. Während eine Tour die Altstadt und den Rhein erkundet, führt einen eine andere Tour durch den ländlicheren und historischen Stadtteil Kaiserswerth. Man sollte 2 bis 4 Stunden Zeit, je nach Tour, einplanen.

Saisonale Highlights

In den Sommermonaten Juni und Juli findet die alljährliche *Rheinkirmes* statt, bei der es sich mit rund 4 Millionen Besuchern um die größte Kirmes am Rhein handelt. Sie dauert 10 Tage und findet auf der Festwiese in Oberkassel statt.

2019 fand die mehr als 160.000 qm große Kirmes zum 118. Mal statt. Die Kirmes begeistert Jahr für Jahr Familien, Jugendliche und Erwachsene mit ihren Wildwasserbahnen, Achterbahnen, Glücksspielen, Essensständen und vielem mehr. Eine Fähre bringt die Teilnehmer zur anderen Seite der Altstadt, wobei die Brücke, die die beiden Rheinufer verbindet, auch mit der Bahn oder zu Fuß überquert werden kann. Zu Musik feiern zahlreiche, meist junge Leute und erfreuen sich an den Attraktionen, die sie auf der Kirmes jedes Jahr erwarten. Das besondere Highlight ist das Feuerwerk, das am letzten Tag der Kirmes stattfindet und von der gegenüberliegenden Rheinseite aus beobachtet werden kann. Auch hier finden sich Attraktionen für jedes Alter und jeden Geschmack.

Ein besonderes kulturelles Highlight in Düsseldorf ist die **Nacht der Museen**. Einmal im Jahr öffnen Museen, Kulturinstitute und Galerien im April ihre Türen, um den rund 20.000 Besuchern ein vielfältiges Kulturprogramm zu bieten. Von 19 Uhr bis 2 Uhr morgens haben die Besucher zu einem Pauschalpreis von 14 Euro Zugang zu allen Veranstaltungen. Shuttle-Busse, -Bahnen, ausleihbare Fahrräder und historische Straßenbahnen sorgen an diesem Abend dafür, dass die Besucher flexibel zu ihrem Ziel gelangen. Große Kulturinstitute wie das K20, das K21 oder der Kunstpalast beteiligen sich an diesem Abend, um Kunst aus aller Welt zu präsentieren und neue, aufsteigende Künstler vorzustellen. Auch musikalisch kommen die Teilnehmer der Nacht der Museen auf ihre Kosten: Ob kubanische Musik, Jazz, Punk oder Klassik – eine Vielzahl von Musikrichtungen aus aller Welt wird in dieser Nacht vorgestellt, um den Abend musikalisch zu untermauern. In einzelnen Museen werden auch Tanzfilme gezeigt oder es finden Live-Aufführungen zu Tänzen statt.

Auch Kinos wie das am Medienhafen haben sich schon am Kulturprogramm beteiligt und zum Beispiel Kurzfilme gezeigt, die dem Genre der Horrorfilme zuzuordnen sind. Ein besonderes Highlight war 2018 die Ausstellung „Pizza is God", in der alles, was mit dem beliebten Gericht zu tun hatte, künstlerisch umgesetzt wurde. So wurde zum Beispiel ein meterhoher Turm gebaut, der nur aus Pizzakartons bestand.

Für Familien bietet das Aquazoo ein spezielles Programm an: Das Licht im Museum wird gedämpft, sodass die Besucher die nachtaktiven Tiere zu sehen bekommen, die normalerweise tagsüber nicht oder nur schlafend gesehen werden können. Street-Art und Fotografie stehen bei vielen Anbietern ebenfalls auf dem Programm. Auch für Essen und Getränke ist bei den jeweiligen Veranstaltern gesorgt. Man sieht also: Die Nacht der Museen ist so vielfältig und abwechslungsreich wie Stadt und Kultur selbst und bietet für jede Alters- und Interessengruppe spannende Angebote, durch die der Abend zu einem lehrreichen, interessanten und spaßigen Ereignis wird.

In den Frühlings- und Sommermonaten findet in Düsseldorf jedes Jahr die **Rollnacht** statt, in der Inline-Skater mit bunten, zum Teil beleuchteten Inlinern gemeinsam durch die Stadt fahren. Die Veranstaltung ist seit 2008 ein Highlight der Stadt und findet an neun Abenden im Jahr statt. Die Strecken sind dabei jede Nacht verschieden und eigens für die Rollnacht geplant worden. Die Teilnahme ist kostenlos, jeder kann mitfahren. Inliner können am Startpunkt, der Wiese vor der Reuterkaserne, ausgeliehen werden, damit um 20 Uhr die geführte Fahrt durch die Stadt beginnen kann. Es werden zwischen 3.000 und 5.000 Teilnehmer an jedem der Abende erwartet. 2019 feierte die Rollnacht ein Jubiläum und startete zum 100. Mal. Die Rollnacht bietet so die Möglichkeit, die Stadt auf eine andere Art kennenzulernen und sich mit anderen, sportbegeisterten Düsseldorfern oder Besuchern gemeinsam sportlich zu betätigen.

Jedes Jahr ist der **_Weihnachtsmarkt_** Anlass zur Freude in Düsseldorf. Vom 21. November bis zum 30. Dezember finden in der Altstadt, aber auch in den einzelnen Orten wie beispielsweise Oberkassel, Weihnachts- und Nikolausmärkte statt. Der Weihnachtsmarkt ist über die Stadt verteilt, sodass man bei einem Bummel durch die Stadt die verschiedenen Stände entdecken kann. Die Stände lassen sich dabei verschiedenen Themen und Kategorien zuordnen und tragen zur Vielfalt des Weihnachtsmarktes bei. So findet man am Burgplatz beispielsweise zahlreiche Stände, an denen Kunsthandwerker ihre Ware anbieten. Am Schadow-Markt begegnet man einem großen Angebot an Essensständen, von Crêpes über Würstchen bis hin zu Reibekuchen und Glühwein. Ein besonderes Highlight des Marktes ist jedes Jahr die Schlittschuhbahn, die gegenüber des Kö-Grabens an der Königsallee aufgebaut wird. Zu teils festlicher, teils Party-Musik kann man sich hier Schlittschuhe ausleihen oder seine eigenen mitbringen und zusammen mit den Düsseldorfern den Vorweihnachtszauber auf sich wirken lassen.

Direkt gegenüber, in den Schadow-Arkaden,

wird jedes Jahr zur Weihnachtszeit ein großer Tannenbaum aufgebaut, der bis zur Decke reicht. Einmal die Stunde wird er erleuchtet und eine Lichtinszenierung wird vorgeführt, die mit der Weihnachtsmusik synchronisiert ist. Vor allem für Kinder, aber auch für alle anderen, die sich an Weihnachtslichtern und -musik erfreuen, ist die Beleuchtung des riesigen Baums ein Ereignis, das jedes Jahr wieder sehenswert ist. Das ganze Spektakel kann man auch vom Food-Court aus oder einem der Cafés auf den anderen Etagen beobachten.

Düsseldorfer Specials

Ein besonders großes kulturelles Ereignis, das sich wachsender Beliebtheit erfreut, ist der *Japantag*, der einmal jährlich stattfindet und rund eine halbe Million Menschen in die Landeshauptstadt lockt. Seit 2002 findet das Begegnungsfest jedes Jahr im Mai oder Juni statt.

Am Japantag wird ein vielfältiges Programm auf die Beine gestellt, darunter ein Bühnenprogramm, das aus Aufführungen wie japanischen Musikgruppen, typisch japanischen Kampfsportarten oder sogenannten J-Pop- und J-Rock-Bands besteht. Besucher des Japantags erhalten einen Einblick in japanische Traditionen und Bräuche. So kann man beispielsweise Kimonos anprobieren oder in Kampfsportarten eingeführt werden.

Die Stände, die sich an der Rheinuferpromenade aneinanderreihen, bieten dabei typisch japanische Speisen an und vermitteln einen kleinen Einblick in die Kultur des Landes. Viele Besucher des Japantags verkleiden sich als Cosplayer, wobei sich viele der Kostüme an Mangas orientieren. Besucher reisen aus aller Welt an, um an dem Spektakel teilzunehmen und die japanische Kultur zu feiern. Das Programm des Japantags ist ebenso vielfältig und bunt wie seine Teilnehmer und verspricht Jahr für Jahr unvergessliche Eindrücke inmitten des Trubels und des kulturellen Austauschs.

Der Tag endet mit einem beeindruckenden Feuerwerk am Rhein, das von den Besuchern an den Rheinwiesen mit Faszination beobachtet wird und für das ein japanischer Pyrotechniker extra anreist, um die speziellen Feuerwerkskörper zum Einsatz zu bringen. Für eine Sitzgelegenheit an den Rheinwiesen oder einen guten Blick auf das Feuerwerk sollte man früh genug kommen, da der Ansturm an diesem Tag gewaltig ist und sich die Menschen tummeln, um einen Blick auf das Feuerwerk und die anderen Attraktionen erhaschen zu können. Besucher können verkleidet kommen, sich an den Aktivitäten beteiligen oder das Essen genießen und sich von den Auftritten und Angeboten begeistern lassen. Die Veranstaltung findet im Freien am Rheinufer statt, wobei die Shows auf mehreren Bühnen den ganzen Tag lang aufgeführt werden. Es wird kein Eintritt verlangt, man kann einfach vorbeischauen und die Eindrücke auf sich wirken lassen.

Der japanischen Gemeinde kommt in Düsseldorf eine besondere Bedeutung zu. Ein Viertel aller Japaner in Deutschland lebt in Düsseldorf. In den vergangenen 60 Jahren wurde Düsseldorf für die japanische Gemeinde in Deutschland immer wichtiger. Die Entwicklung begann mit Kaufleuten aus Japan, die sich in der Stadt ansiedelten. Ihre Familien folgten, sodass sich eine Infrastruktur herausbildete, die unter anderem aus Banken, Ärzten, der Industrie- und Handelskammer und einem Generalkonsulat besteht. Es entstanden japanische Kindergärten und Schulen. Seit 2014 gibt es einen Direktflug zwischen

Düsseldorf und Tokio. Nach dem Zweiten Weltkrieg kristallisierte sich Düsseldorf als wichtige Stadt für Japan heraus, da es dort eine große Nachfrage nach Produkten der Schwerindustrie gab. Düsseldorf bot dafür genau den richtigen Ort, um die von Japan geforderten Produkte und Techniken zu beschaffen. Seit Mitte der 1950er-Jahre ist die japanische Gemeinde in Düsseldorf rasant gewachsen und nach London und Paris die drittgrößte in Europa. In Düsseldorf allein Leben mehr als 8.000 Japaner, wobei mehr als 400 japanische Firmen in Düsseldorf ansässig sind.

Im Jahr 1971 wurde in Düsseldorf die Japanische Internationale Schule gegründet, in der das japanische Schulsystem eingeführt wurde und in der mehr als 500 Schüler und Schülerinnen lernen. Zudem gibt es heute vier japanische Kindergärten. Die japanische Kultur ist sichtlich in der Stadt Düsseldorf verankert. Dies wird unter anderem am sogenannten EKO-Haus deutlich, bei dem es sich um eine Anlage im japanischen Stil handelt. Dort kann man einen buddhistischen Tempel und ein Studien- und Veranstaltungszentrum besichtigen.

1964 wurde die Deutsch-Japanische Gesellschaft gegründet, die auch zu einem guten Verhältnis zwischen der Stadt und der japanischen Kultur beiträgt.

Nicht nur der Japantag, sondern auch die jährlich stattfindende Veranstaltung *DoKomi* trägt zur harmonischen und lehrreichen Beziehung bei. Bei der DoKomi handelt es sich um ein Treffen der Anime-Fans, das im Congress Center Düsseldorf stattfindet. Das vielfältige Bühnenprogramm und die zahlreichen Ausstellungen konzentrieren sich vor allem auf die japanische Popkultur. Wichtige Elemente dabei sind Anime, Cosplay oder Mangas. Mit mehr als 40.000 Teilnehmern erfreut sich die Veranstaltung jedes Jahr großer Beliebtheit.

Man sieht also: Die asiatische, vor allem die japanische, Kultur ist aus dem Leben und dem Alltag Düsseldorfs nicht mehr wegzudenken und bereichert nicht nur das kulturelle Leben, sondern auch die zwischenmenschlichen Begegnungen und Erfahrungen.

Die japanische Kultur bereichert auch die kulinarische Szene Düsseldorfs. Vor allem in der Immermann Straße, einer Straße im japanischen Viertel der Stadt, reihen sich japanische und andere asiatische Restaurants aneinander und bieten typisch asiatische Spezialitäten in authentischem Ambiente an. Beim Bummeln durch die Straße wird schnell sichtbar, dass es eine große Auswahl an asiatischen Restaurants gibt, die dazu einladen, das traditionelle Essen zu entdecken und zu genießen. Auf der Immermann Straße wird man in jedem Fall fündig, wenn man nach guten, frisch zubereiteten und kulturell authentischen Mahlzeiten sucht.

Für die kulturell Interessierten unter Ihnen ist ein Besuch des *Poetry-Slams* ein absolutes Muss! Die „Poesieschlacht" findet einmal im Monat von 20 Uhr bis etwa 23 Uhr im Kulturzentrum „Zakk" statt. Dabei stellen meist junge Leute selbstgedichtete Werke vor einem Live-Publikum vor. Entscheidend bei den literarischen Werken ist, dass sie selbst verfasst sein müssen und nicht musikalisch untermalt sein dürfen. Die Jury setzt sich aus freiwilligen Mitgliedern aus dem Publikum zusammen, die jede Performance auf einer Punkteskala von 0 bis 10 bewerten, um am Ende des Abends den Sieger zu bestimmen. So hat der Poetry-Slam ein integratives Element, da das Publikum aktiv teilnimmt und bestimmt, wer der Liebling ist, der den Titel mit nach

Hause nehmen darf. Die Veranstaltung findet in einem lockeren Ambiente statt, die Stimmung ist entspannt und gesellig. Bei niedrigen Preisen für Speisen und Getränke und einem Eintritt von 3,50 Euro pro Person kann man sich auf einen literarischen Abend freuen, der gleichzeitig den Geldbeutel schont. Im Sommer findet die Veranstaltung im Hinterhof statt, es werden Bierzeltgarnituren und eine kleine Bühne aufgestellt. Das verleiht der Veranstaltung eine gewisse heimische Atmosphäre, in der man sich wohlfühlt und die die Düsseldorfer gerne mit Freunden genießen. Besonders für Studenten, aber auch für literarisch Interessierte, die Freude an den vielfältigen Texten der „Slammer" haben, ist die Poesieschlacht im „Zakk" besonders geeignet.

Beim „Zakk" handelt es sich um das Zentrum für Aktion, Kultur und Kommunikation, in dem unter anderem der Poetry-Slam stattfindet. Das Zentrum bietet ein vielfältiges Kulturprogramm an. Im „Zakk" werden Partys gefeiert, literarische Werke vorgetragen, es wird diskutiert, selbst geschrieben und sich kulturell engagiert. Vom „Senioren Internet Frühstück", das sich an computerinteressierte Menschen richtet, über Partys für alle Altersklassen bis hin zum

PIA LORENZ

Frühstück für Erwerbslose setzt sich das „Zakk" dafür ein, Menschen in Düsseldorf zusammenzubringen, um das kulturelle Leben in der Stadt aktiv zu bereichern. Hier haben junge, vor allem aber auch neue Künstler die Möglichkeit, sich anderen mitzuteilen und Gehör zu finden – in einem Rahmen, in dem auch gesellschaftliche und politische Themen kritisch diskutiert und beleuchtet werden. Düsseldorf behauptet auch stolz von sich, die deutsche Hauptstadt des Poetry-Slams zu sein.

Ein besonderer Konzertbau

Musikalisch und auch optisch durch ihre wunderschöne Bauweise bereichert die *Tonhalle*, die inmitten des Ehrenhofs in der Altstadt gelegen ist, die Stadt Düsseldorf. Das Konzerthaus lässt sich architektonisch dem Expressionismus zuordnen. Die Tonhalle, die früher noch Rheinhalle genannt wurde, entstand im Jahr 1925/26 und sollte ursprünglich als Planetarium genutzt werden. Die Rheinhalle wurde im Zweiten Weltkrieg weitgehend zerstört und danach zu einer

Mehrzweckhalle wiederaufgebaut. Es wurde ein halbkugelförmiger Konzertsaal gebaut. Heute fasst der Konzertsaal mehr als 1.800 Besucher im großen Saal, etwa 300 Plätze im Kammermusiksaal und eine Rotunde im Foyer mit bis zu 400 Plätzen. Jährlich locken die ca. 300 Konzerte mehr als 300.000 Besucher in die Tonhalle. Diese bietet ein vielfältiges Musikprogramm an. Das Neujahrskonzert mit klassischer Musik ist dabei besonders erwähnenswert. Es werden verschiedene Musikrichtungen wie Jazz, Pop, Rock und Klassik aufgegriffen, um für das Publikum ein kontinuierlich vielfältiges Programm auf die Beine zu stellen. Internationale Orchester wie das Philadelphia Orchestra bereichern die Tonhalle mit ihren Klängen, aber auch lokale Gruppen wie der Düsseldorfer Polizeichor finden in der Tonhalle Gehör. In gehobenem Ambiente erfreuen sich Menschen aller Altersgruppen an der hervorragenden Akustik, die die Tonhalle auszeichnet.

Gastronomie und Hotels

Auf der Immermann Straße, im japanischen Viertel, befindet sich das Hotel *Me and All* mit der gleichnamigen Lounge. Wer es ein bisschen feiner mag und eine besondere Atmosphäre genießen möchte, um den Tag bei einem guten Cocktail oder einem Glas Sekt ausklingen zu lassen, ist hier genau richtig. Von der 11. Etage aus hat man einen fantastischen Ausblick auf die Stadt und kann bei romantischer Stimmung den Abend genießen.

Man kann den Tag in Düsseldorf aber auch bei einem leckeren Frühstück in der Lounge beginnen. Ganz gleich, zu welcher Tageszeit – die *Me And All Lounge* über den Dächern Düsseldorf sorgt für ein besonderes kulinarisches Erlebnis in einem einzigartigen Ambiente.

Besonders empfehlenswert ist das Restaurant **Zen** in der Ackerstraße. Das Zen ist ein modernes Bar-Restaurant, das Spezialitäten und exotische Getränke aus Vietnam serviert. Es werden vielfältige Speisen angeboten, wobei das vegetarische Angebot besonders erwähnenswert ist. Neben den sogenannten „Buddha Rolls" sind vegetarische Gerichte wie die vegetarische Suppe mit Gemüse und Ingwer sowie verschiedene Tofu-Gerichte Delikatessen des Restaurants, die man unbedingt probieren sollte. Das Preis-Leistungsverhältnis im Zen ist als extrem gut zu bezeichnen. Eine Reservierung, insbesondere am Wochenende, empfiehlt sich.

Ein Insider in Bezug auf Speisen und Getränke und definitiv einer unserer Lieblingsplätze zu jeder Jahreszeit ist das **Café Kasbah**, das im Herzen der Altstadt gelegen ist. Die marokkanische Café-Bar bezaubert mit ihrer orientalisch angehauchten

Einrichtung und ihrer entspannten, lockeren Atmosphäre. Im Sommer kann man draußen neben dem
Hafenbecken sitzen und bei einem Kaffee oder den
leckeren Tee-Kreationen das Wetter genießen. Besonders der Kardamom-Kaffee und der marokkanische Pfefferminztee sind sehr zu empfehlen. Dazu
gibt es eine reiche Auswahl an marokkanischem Ge-
bäck und ein Kuchenbuffet. Ideal für eine kleine
Pause sind die Bot-Bot-Sandwichs, die Suppen oder
die Quiche des Cafés. Auf der Speisekarte findet sich
auch eine große Auswahl an Cocktails und weiteren
alkoholischen Getränken, weshalb das Café Kasbah
auch ein idealer Ort ist, um abends auszugehen und
Teil des Nachtlebens der Stadt zu sein.

Wenn man nachts in Düsseldorf ausgehen
möchte, ist die **Shisha-Bar Hashtag** ein Ort, der
nicht im Programm fehlen sollte. In entspannter Atmosphäre, schicker Einrichtung, mit freundlicher
Bedienung und fairen Preisen kann man den Tag mit
einer Shisha ausklingen lassen oder die Speisekarte
der Bar entdecken. Neben alkoholischen Getränken
bietet das Hashtag inmitten der Altstadt auch selbst-
gemachte Limonaden oder Milchshakes wie
„Toffifee", „Raffaello Creme" oder „Kinder-

schokolade an". Die Karte der Bar wird ständig erweitert, um die Gäste mit außergewöhnlichen Kreationen zu erfreuen. Egal, ob man hinterher noch feiern gehen möchte, sich ins Nachtleben stürzt oder den Abend entspannt in der Bar verbringt – bei *Hashtag* ist man in jedem Fall gut aufgehoben.

An dieser Stelle sei das Nachtleben Düsseldorfs erwähnt, das einiges zu bieten hat. In der ganzen Stadt verteilt finden sich Clubs und Diskotheken, in denen man die Nächte durchfeiern kann. In der bereits erwähnten Bolkerstraße erfreut sich der *Bierkönig*, eine Diskothek, in der Schlagermusik auf dem Programm steht, großer Beliebtheit. In der Altstadt reihen sich die Diskotheken aneinander, wobei für jeden Musikgeschmack und für jedes Alter etwas dabei ist. Von lateinamerikanischen Clubs, wie dem *Rio Arriba* bis zum gehobenen Nachtclub *Ufer 8*, gibt es in Düsseldorf unzählige, in denen man die Düsseldorfer antreffen kann. Besonders in den Sommermonaten sind Junggesellenabschiede sehr beliebt, die an jeder Ecke gefeiert werden.

Wer vorhat, in Düsseldorf zu übernachten, für den gibt es in der Stadt zahlreiche Hotels in jeder Preisklasse. Das **Steigenberger Parkhotel** an der

Königsallee ist wohl eines der prachtvollsten Hotels der Stadt und schon von außen eine pompöse Erscheinung. Seit 115 Jahren bietet das Parkhotel seinen Gästen mit 115 eleganten Zimmern und Suiten ein besonderes Erlebnis in der Stadt. Die zentrale Lage eignet sich ideal, um nach einem schönen Abend in der Altstadt in das luxuriöse Hotel zu kommen. Ebenfalls in der Upper-Class-Kategorie befindet sich der renommierte **Breidenbacher Hof,** der seit dem Jahr 1808 direkt neben der Kö gelegen ist. Für eine gut zahlende Klientel lässt das Haus keine Wünsche offen. Zur Philosophie des Hauses gehört, dass der Gast „den Luxus sehen, spüren und erleben soll".

Für den kleineren Geldbeutel gibt es jede Menge Hotels in der Stadt und auch in der Umgebung. Durch einen gut funktionierenden Öffentlichen Personennahverkehr ist die Innenstadt auch von Unterkünften im preiswerteren Umland aus gut zu erreichen.

Lieber Düsseldorf-Besucher ...

Wir hoffen, dass Sie Ihren Aufenthalt in Düsseldorf genießen und die vielen Facetten der Stadt kennenlernen.

Wie Sie gesehen haben, bietet die Stadt für jeden ein großes Angebot an Aktivitäten und Orten, die es sich zu erkunden lohnt. Es ist unmöglich, auf ein paar Seiten alles zusammenzufassen, was diese phantastische Stadt zu bieten hat.

Lassen Sie sich treiben durch die Stadt und fragen Sie einen vorbeispazierenden Düsseldorfer einfach danach, was Sie sich seiner Meinung nach als Nächstes ansehen sollten.

Man wird Ihnen bereitwillig Auskunft geben und stolz zu den Plätzen und Events in der Stadt führen, die Sie vielleicht in keinem Reiseführer gefunden haben.

Herstellung und Verlag:

BoD – Books on Demand, Norderstedt

ISBN: 9783751960229